This Notebook Belongs To

____

www.ingramcontent.com/pod-product-compliance
Lightning Source LLC
LaVergne TN
LVHW061940070526
838199LV00060B/3901
* 9 7 8 9 9 2 6 7 0 0 9 5 9 *